MY LIFE IS SUCCESSFUL

1-

2-

3-

4-

5-

*USE DIFFERENT COLORS

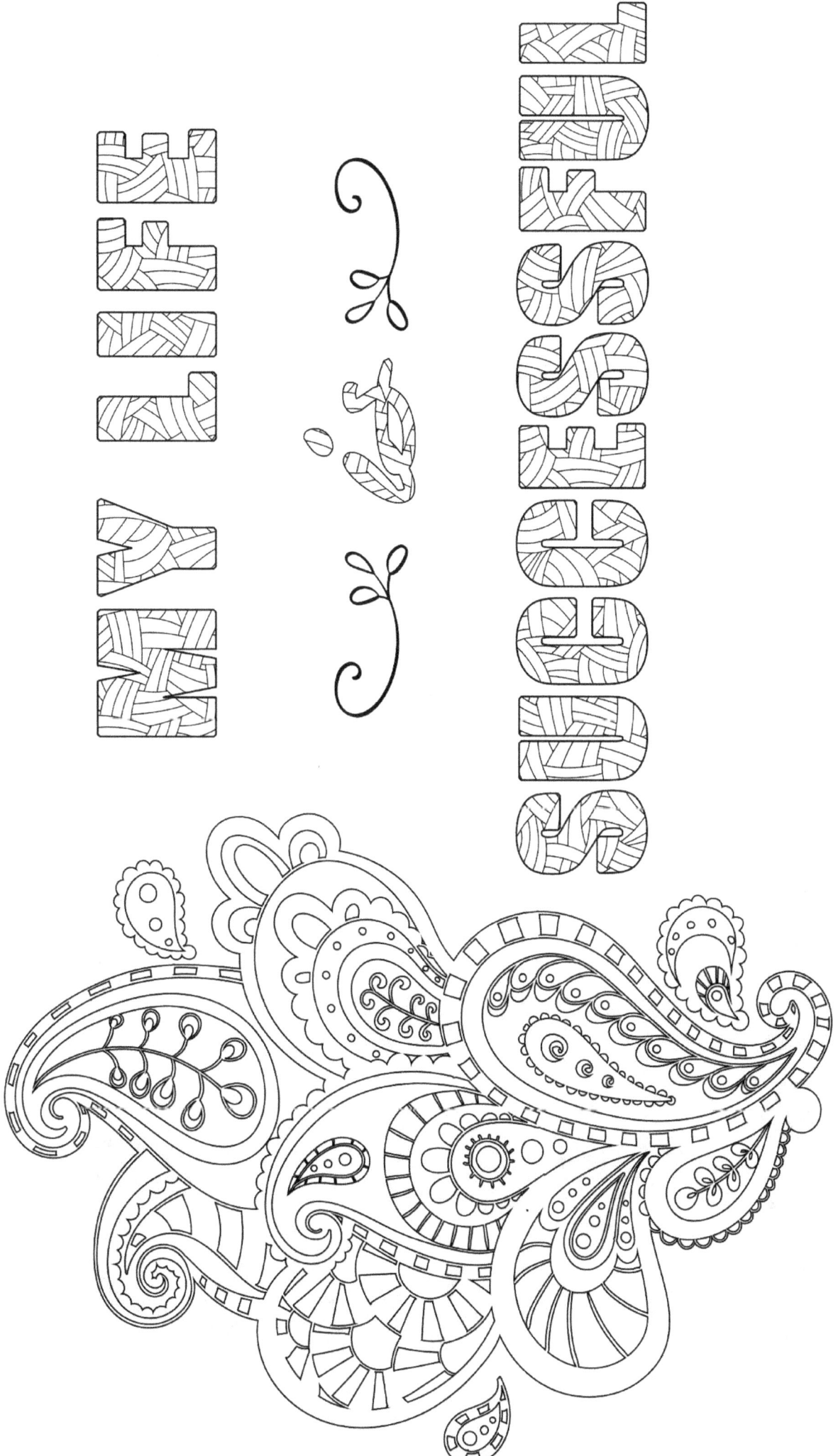

i AM CREATiVE

1-

2-

3-

4-

5-

*USE DIFFERENT COLORS

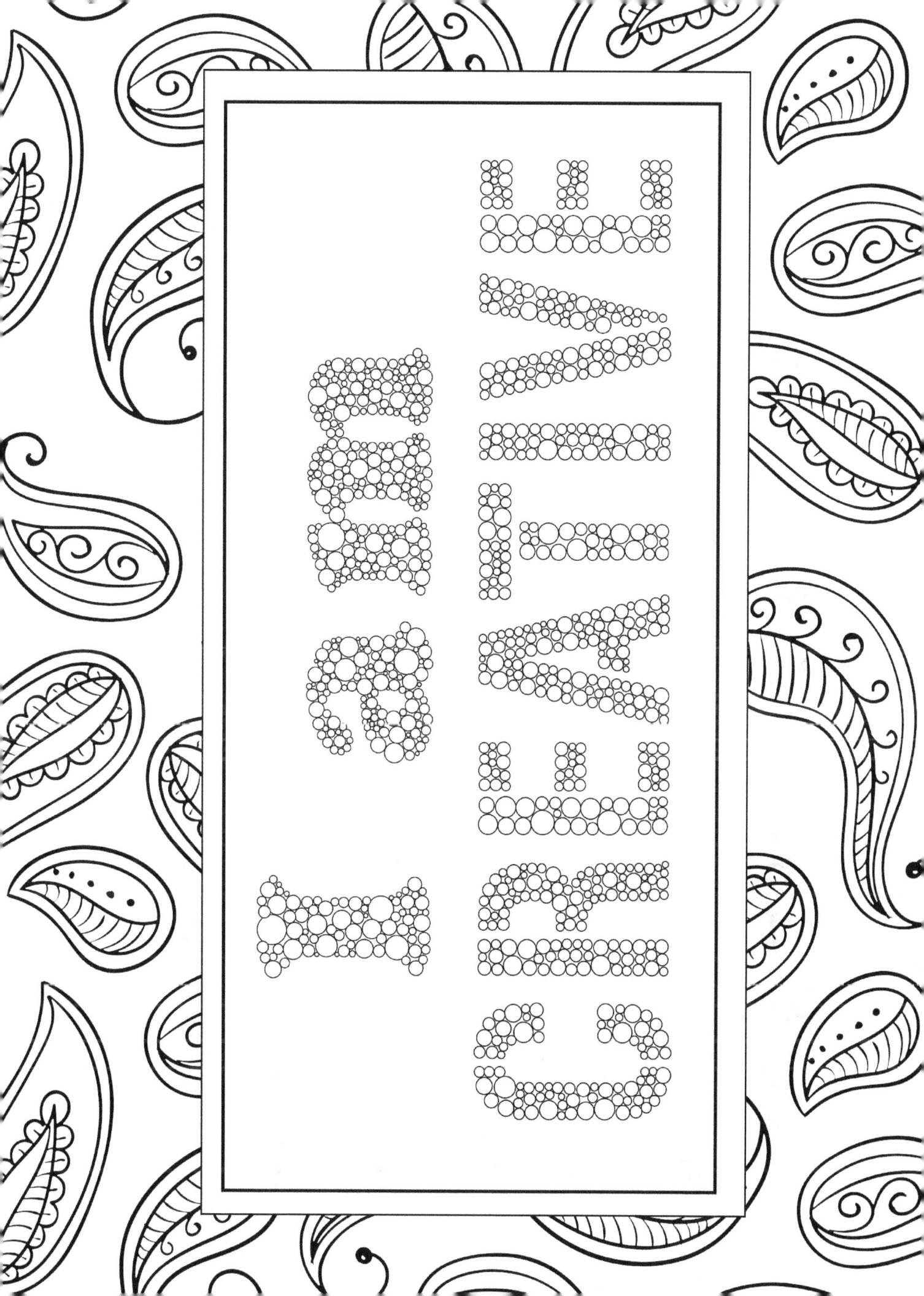

i AM ABLE To AChiEVE SUCCESS

1-

2-

3-

4-

5-

*USE DIFFERENT COLORS

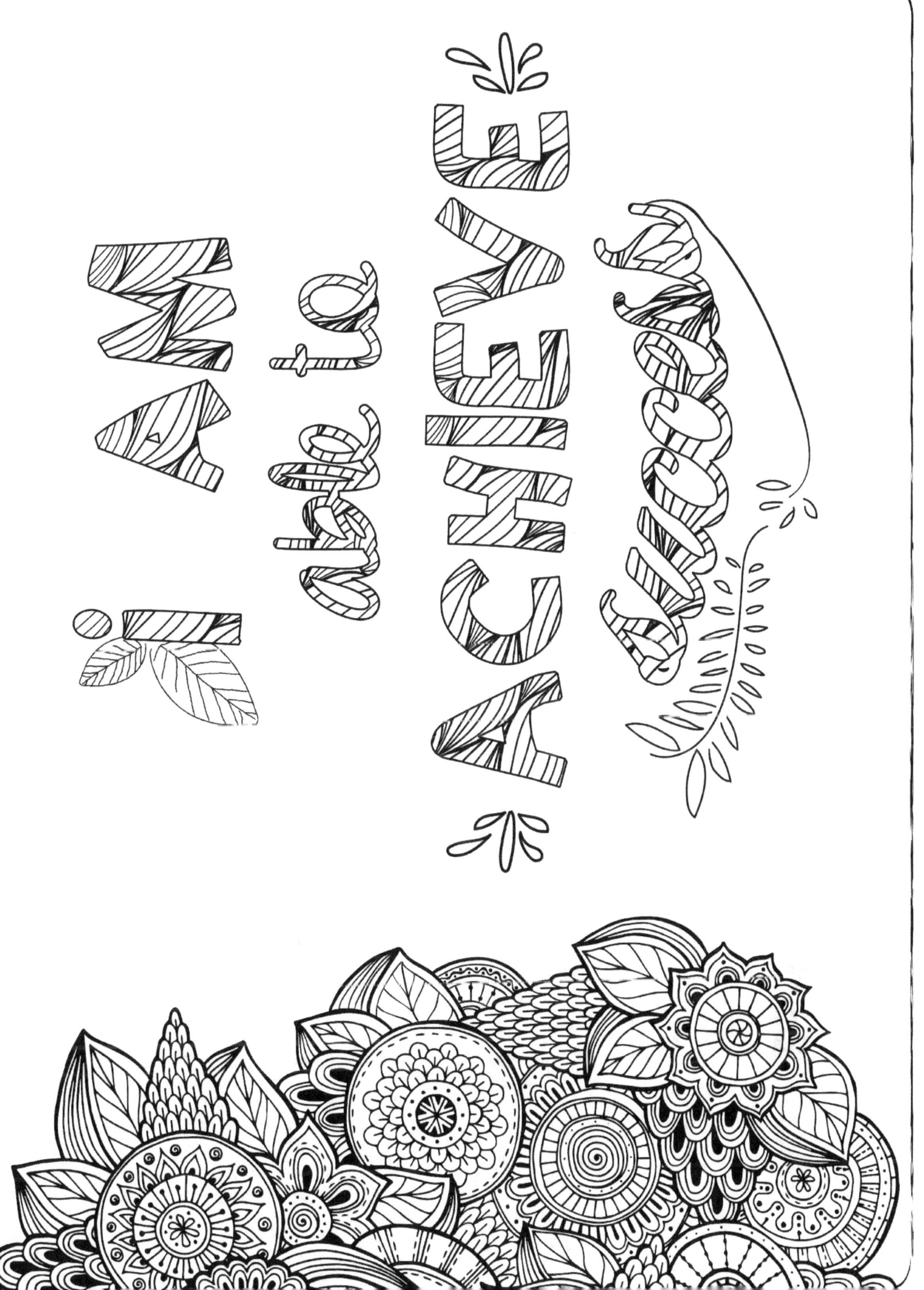

I AM able to ACHIEVE success

SUCCESS iS MiNE

1-

2-

3-

4-

5-

*USE DIFFERENT COLORS

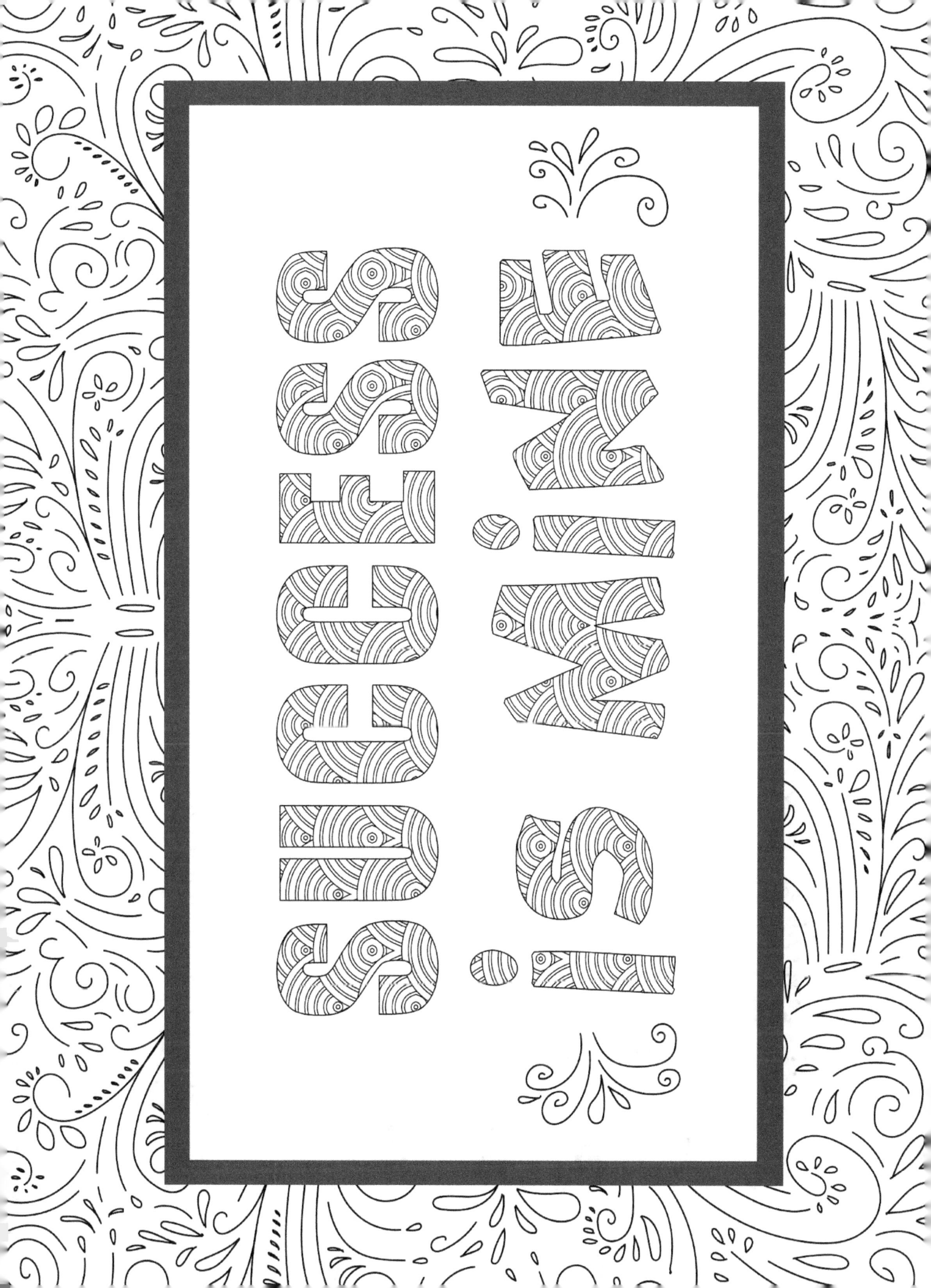

SUCCESS is MINE

i AM DOING GREAT

1-

2-

3-

4-

5-

*USE DIFFERENT COLORS

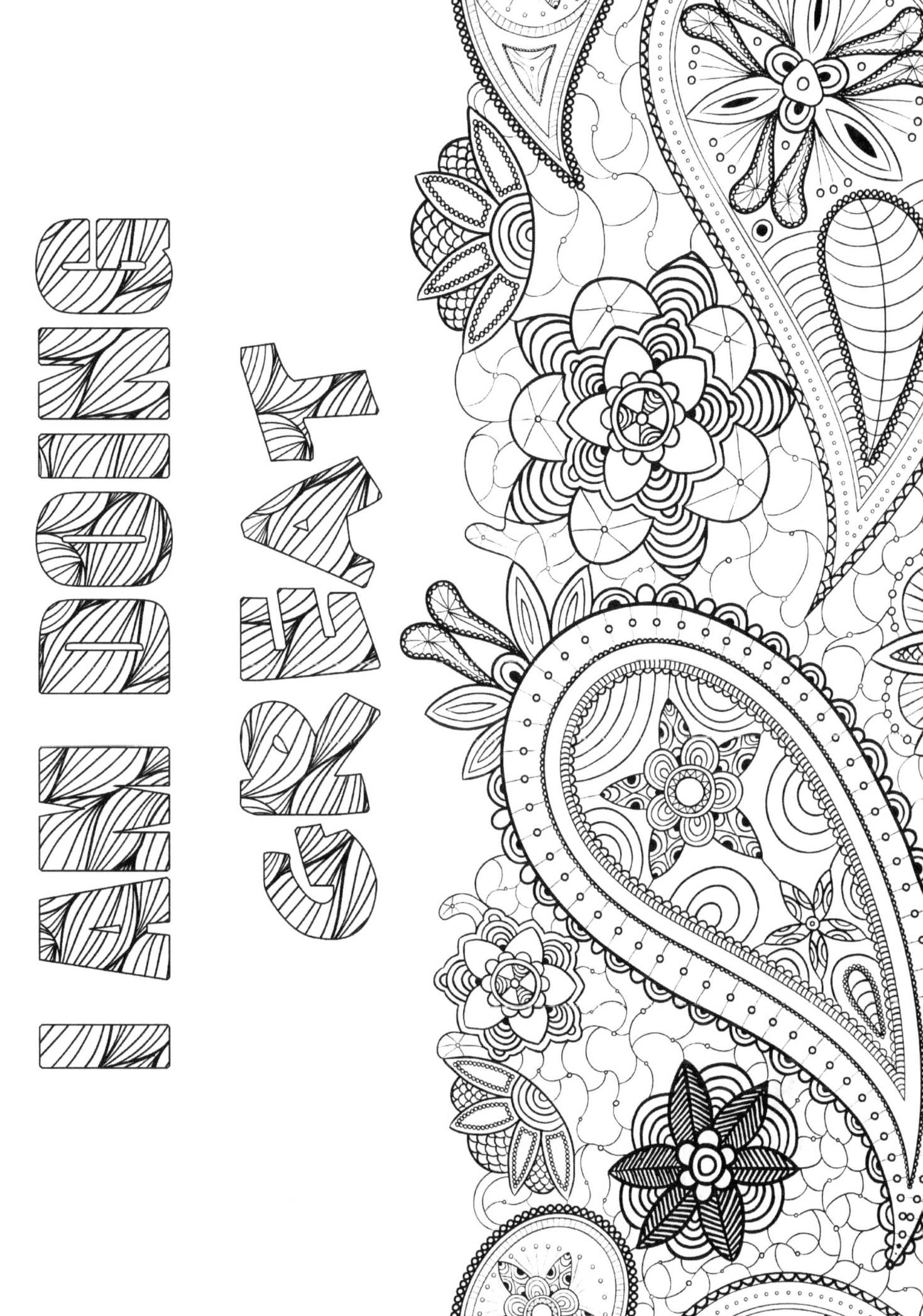

I AM BOLD AND BRAVE

i SEE MYSELF SUCCESSFUL

1-

2-

3-

4-

5-

*USE DIFFERENT COLORS

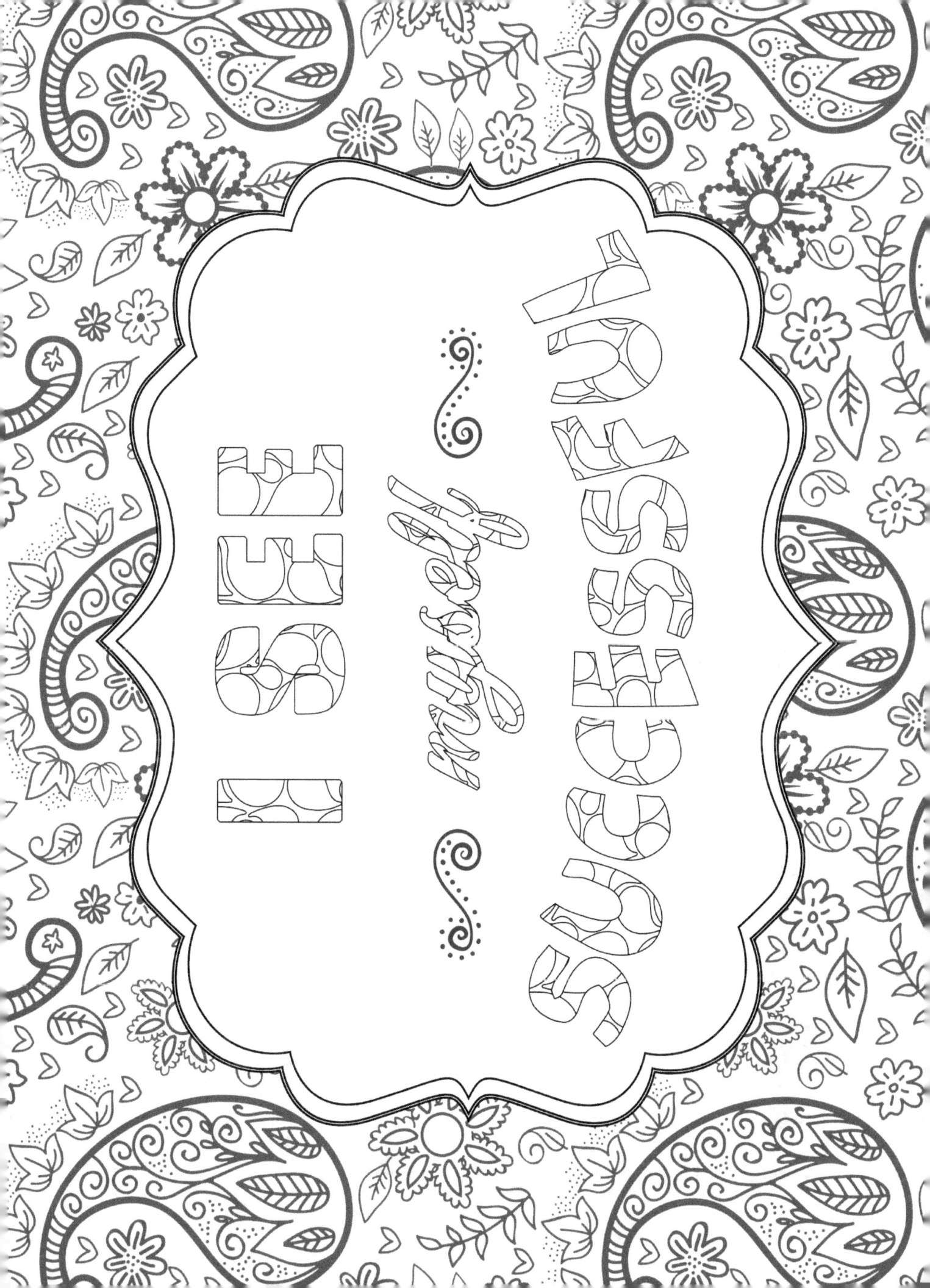

I SEE myself SUCCESSFUL

i ACHiEVE WHAT i WANT

1-

2-

3-

4-

5-

*USE DIFFERENT COLORS

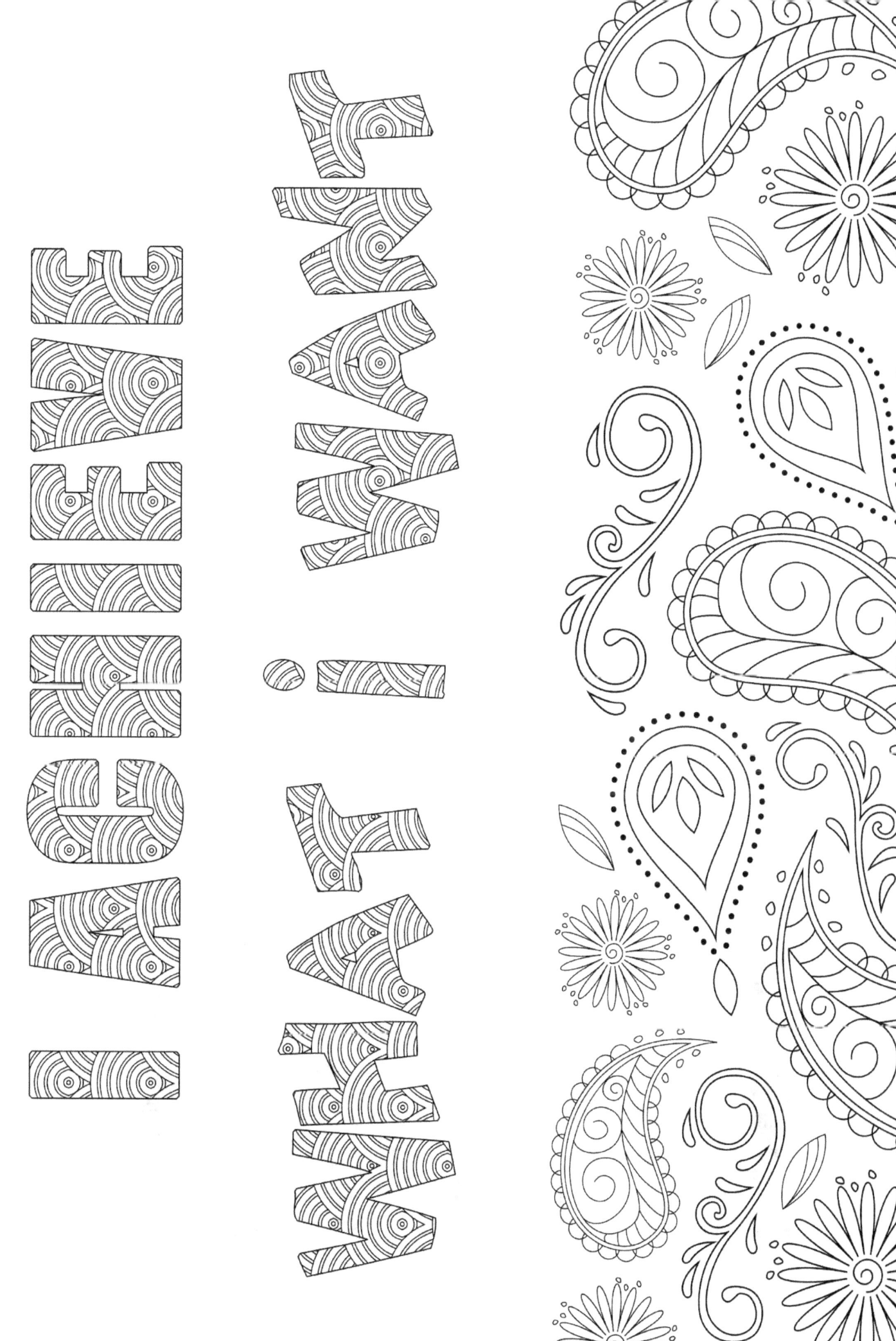

I ACHIEVE WHAT I WANT

i LOVE SUCCESS

1-

2-

3-

4-

5-

*USE DIFFERENT COLORS

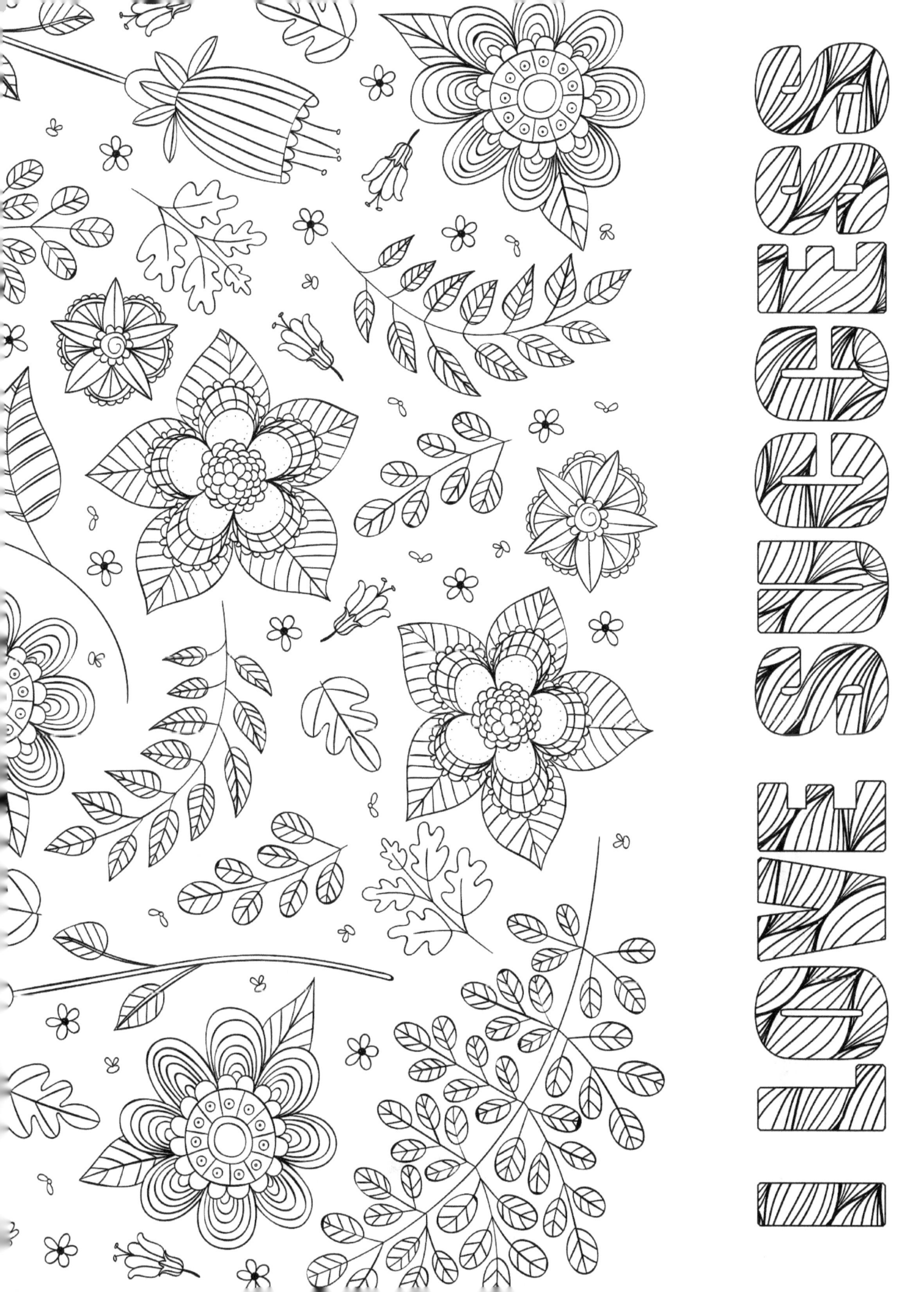

i AM A SUCCESSFUL PERSON

1-

2-

3-

4-

5-

*USE DIFFERENT COLORS

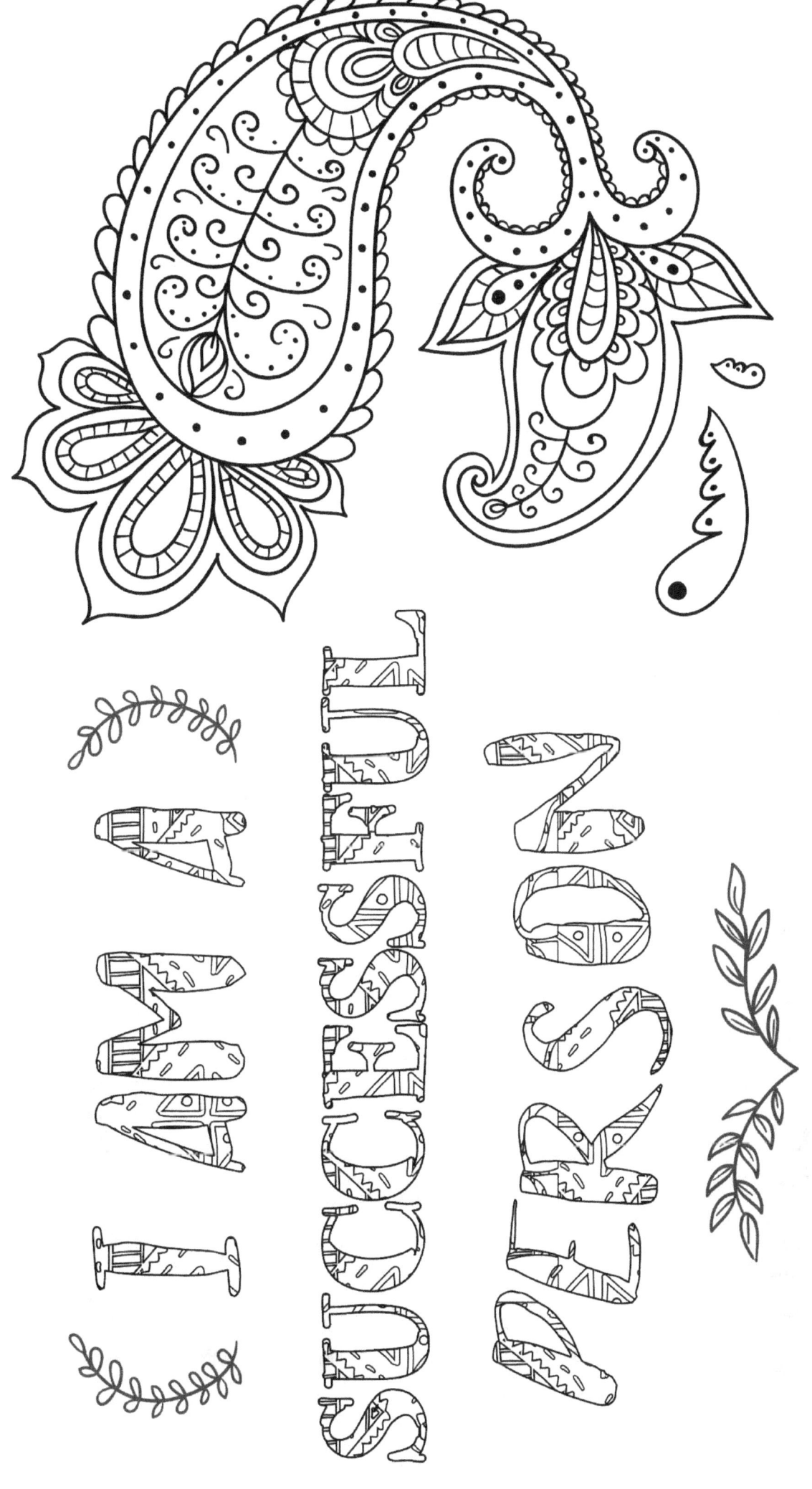

i AM AT oNE WiTH SUCCESS

1-

2-

3-

4-

5-

*USE DIFFERENT COLORS

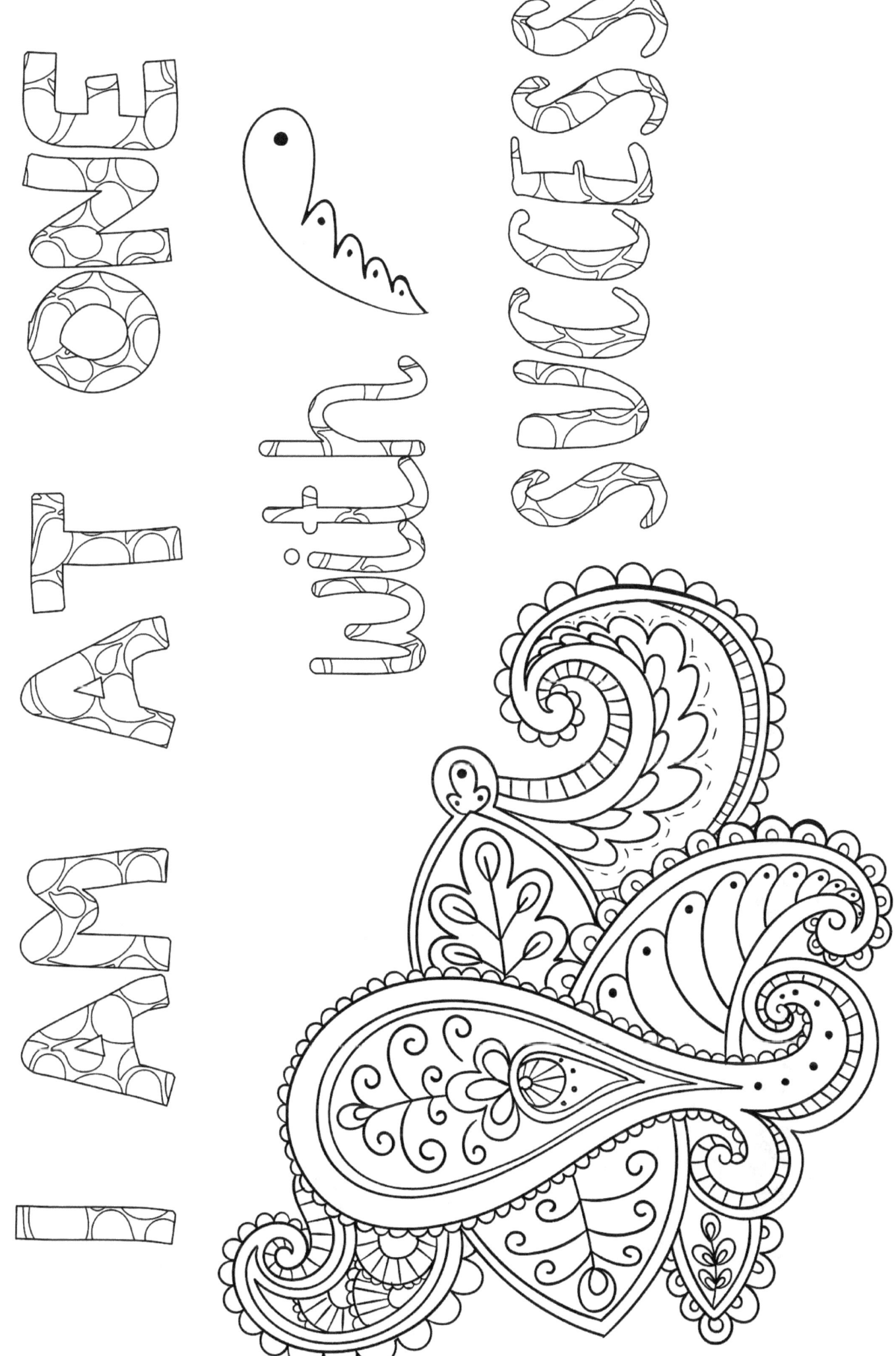

I AM AT ONE with SUCCESS

i AM FULL oF ENERGY

1-

2-

3-

4-

5-

*USE DIFFERENT COLORS

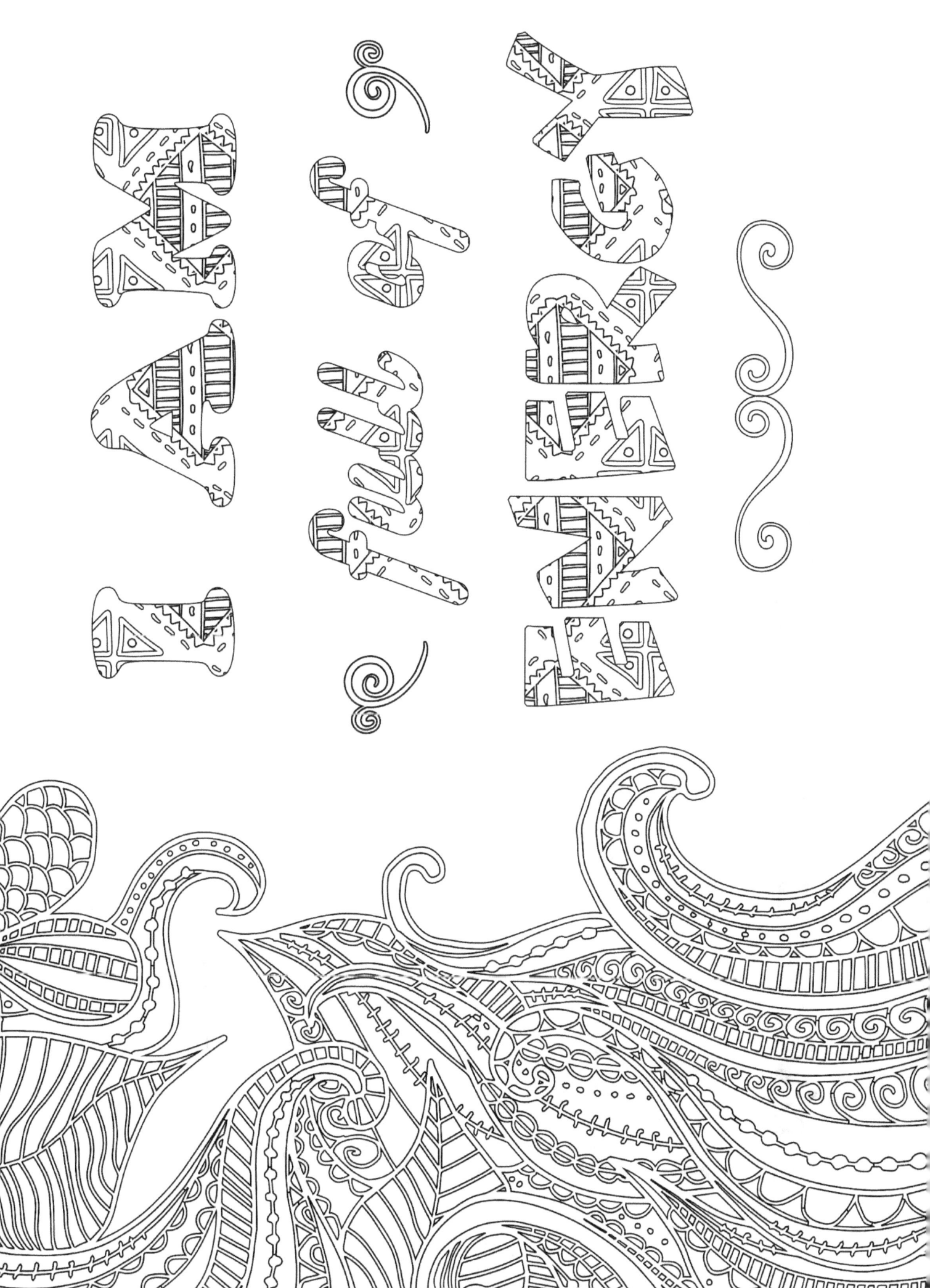

i DiVE iN SUCCESS RiVER

1-

2-

3-

4-

5-

*USE DIFFERENT COLORS

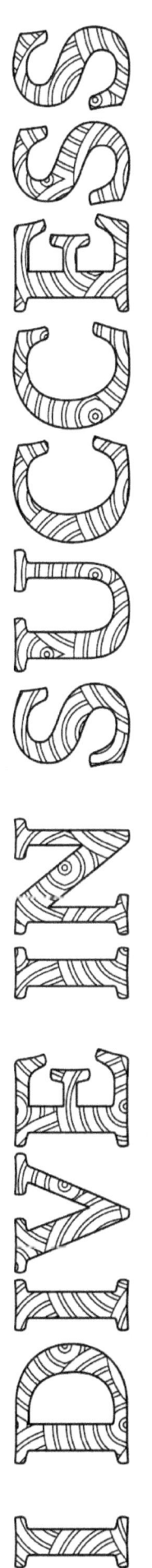

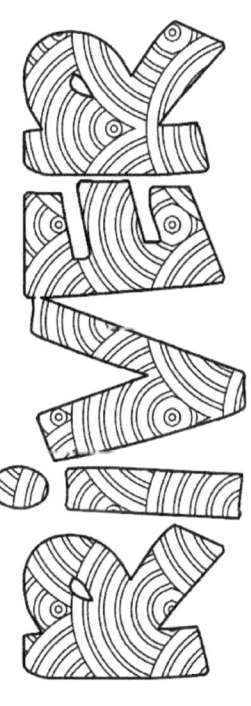

I DIVE IN SUCCESS RIVER

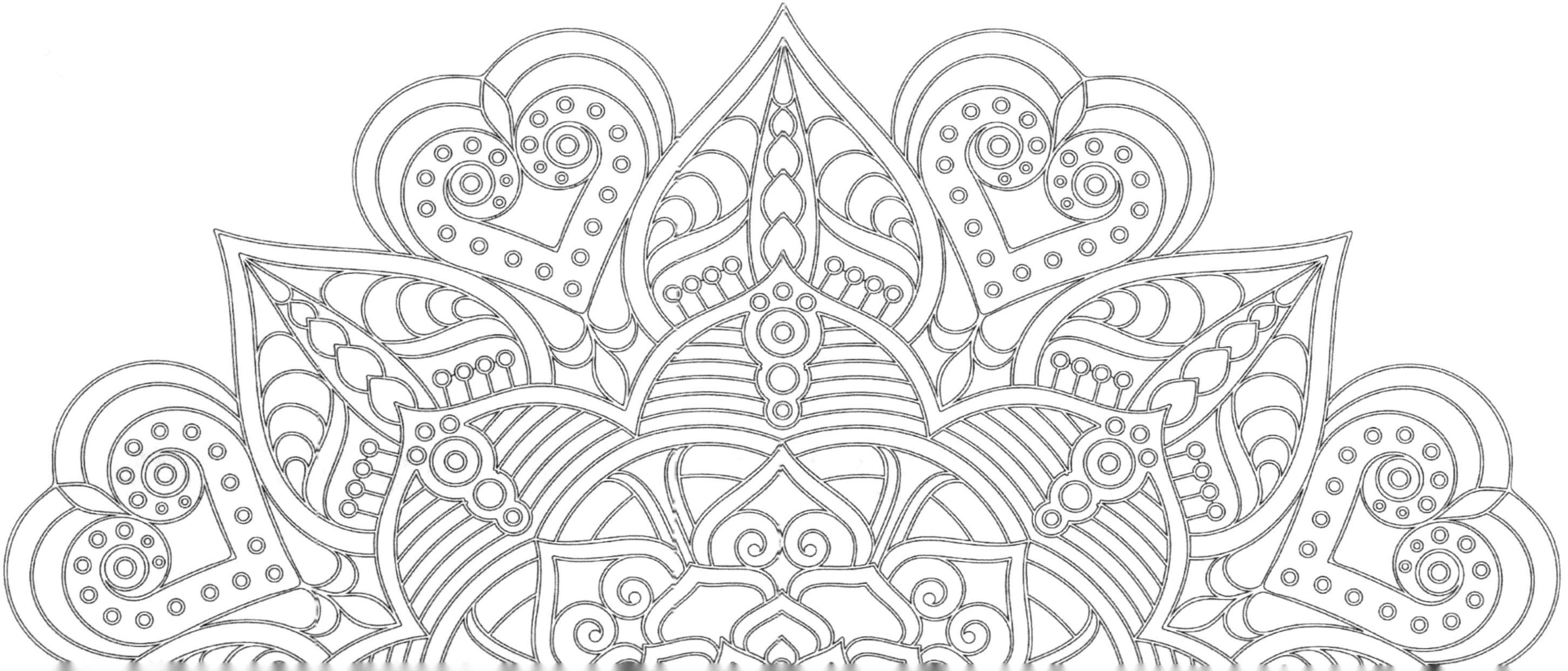

i AM HAPPY AND SUCCESSFUL

1-

2-

3-

4-

5-

*USE DIFFERENT COLORS

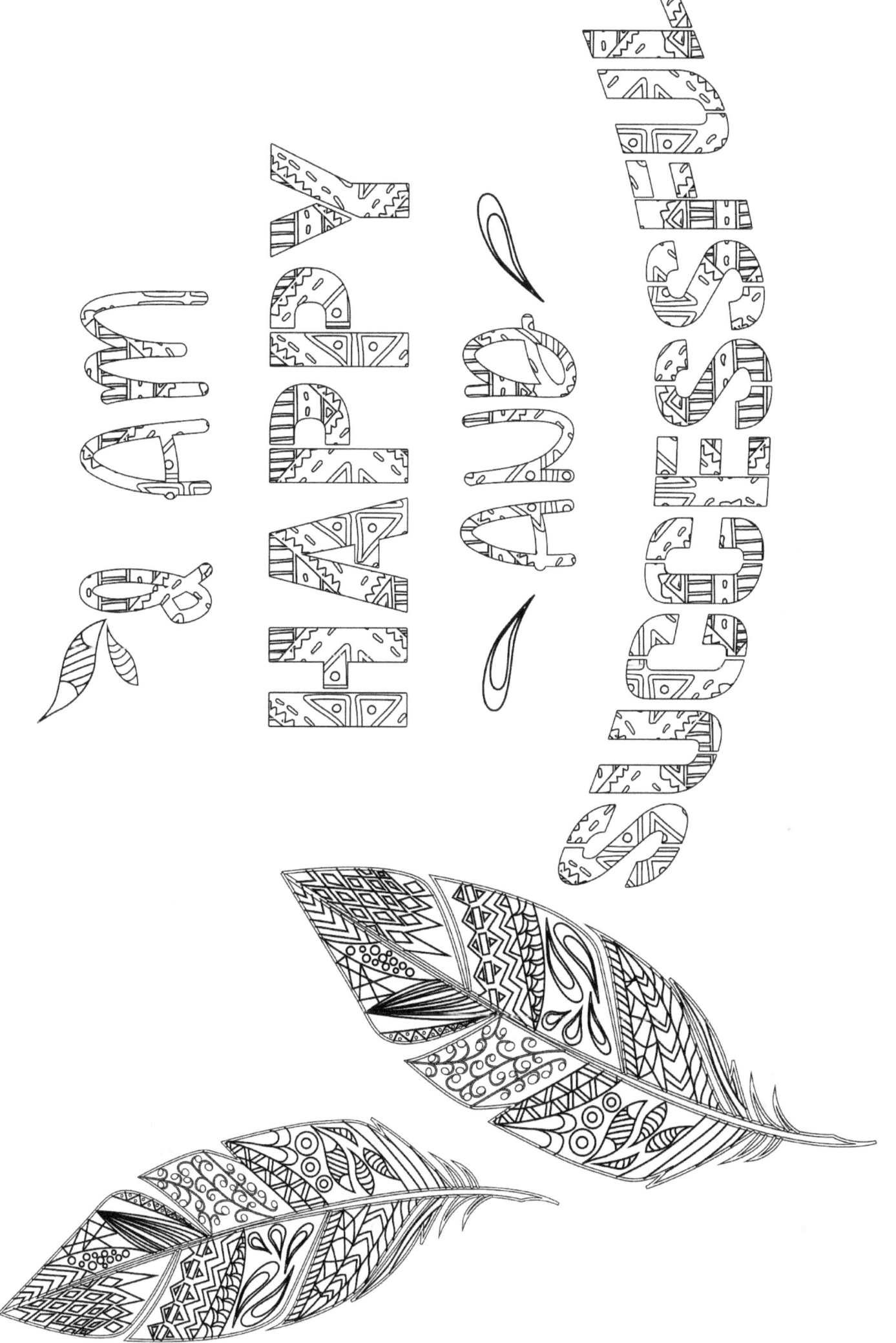

BE HAPPY AND BLESSINGS

i DRiNK AND EAT SUCCESS EVERY DAY

1-

2-

3-

4-

5-

*USE DIFFERENT COLORS

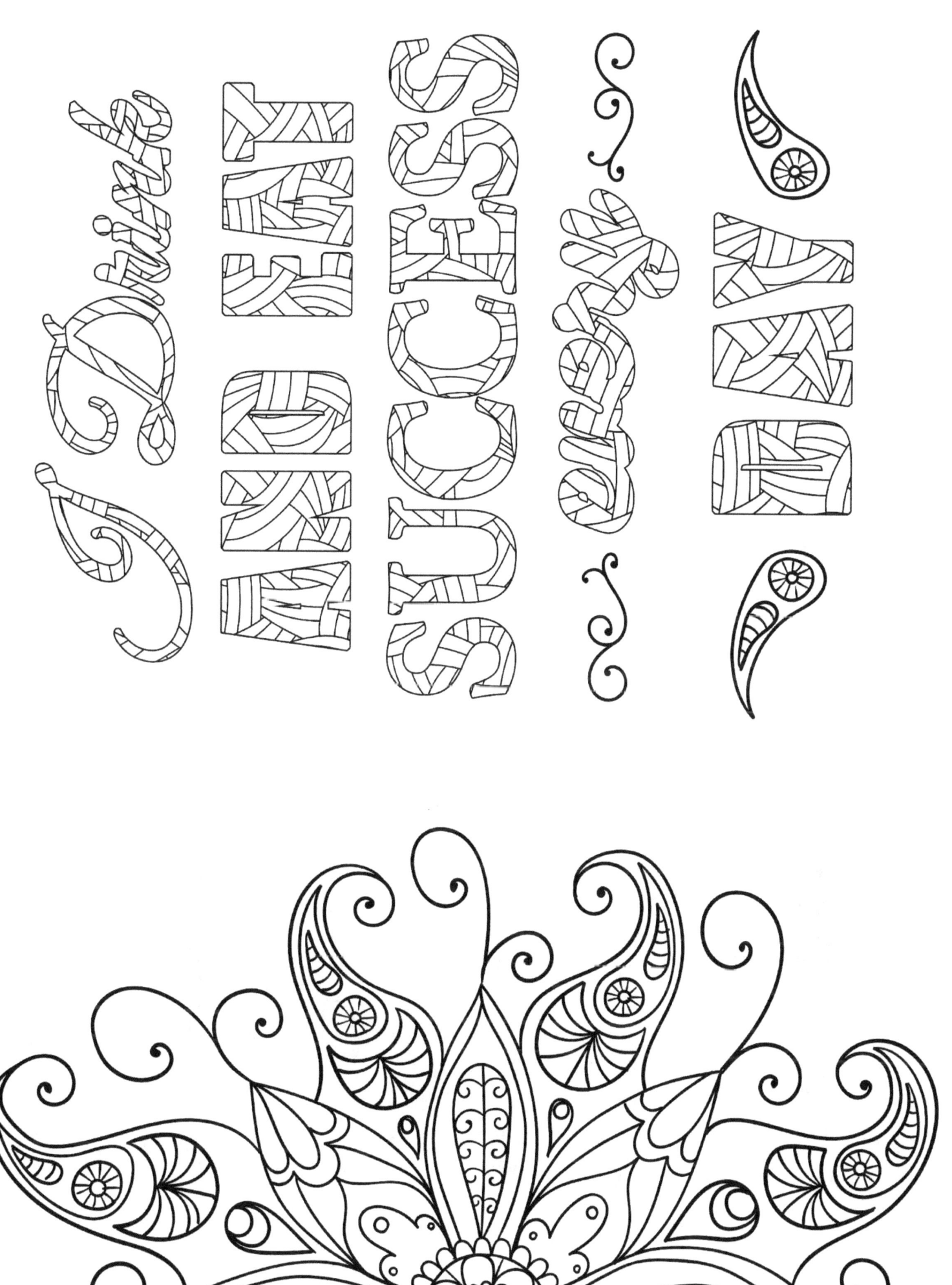

i SURROUND MYSELF WITH SUCCESS

1-

2-

3-

4-

5-

*USE DIFFERENT COLORS

I surround MYSELF WITH success

i AM DOiNG WHAT i LoVE

1-

2-

3-

4-

5-

*USE DIFFERENT COLORS

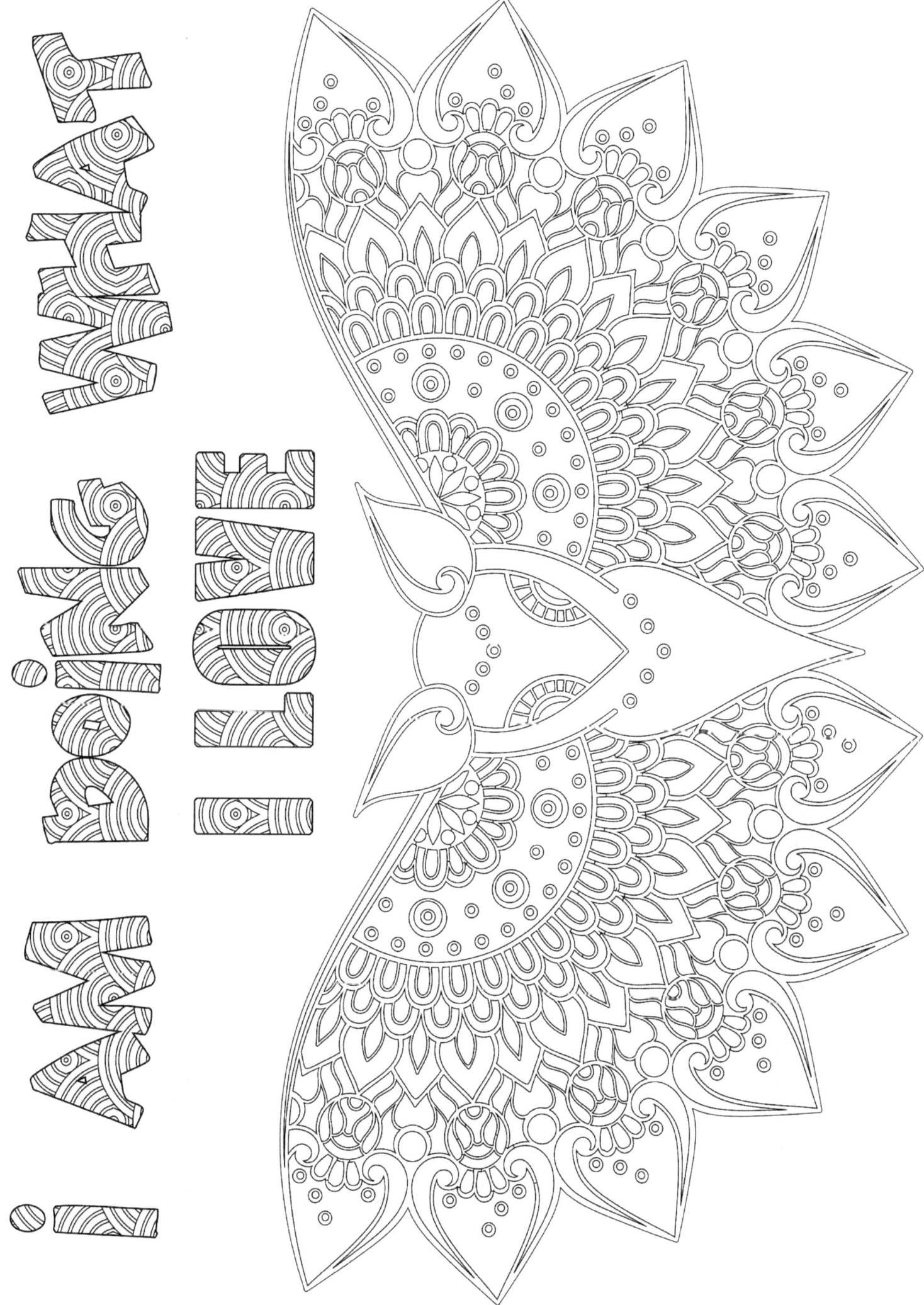

I AM WHAT I POINT I LOVE

i WORK TOWARDS SUCCESS DAiLY

1-

2-

3-

4-

5-

*USE DIFFERENT COLORS

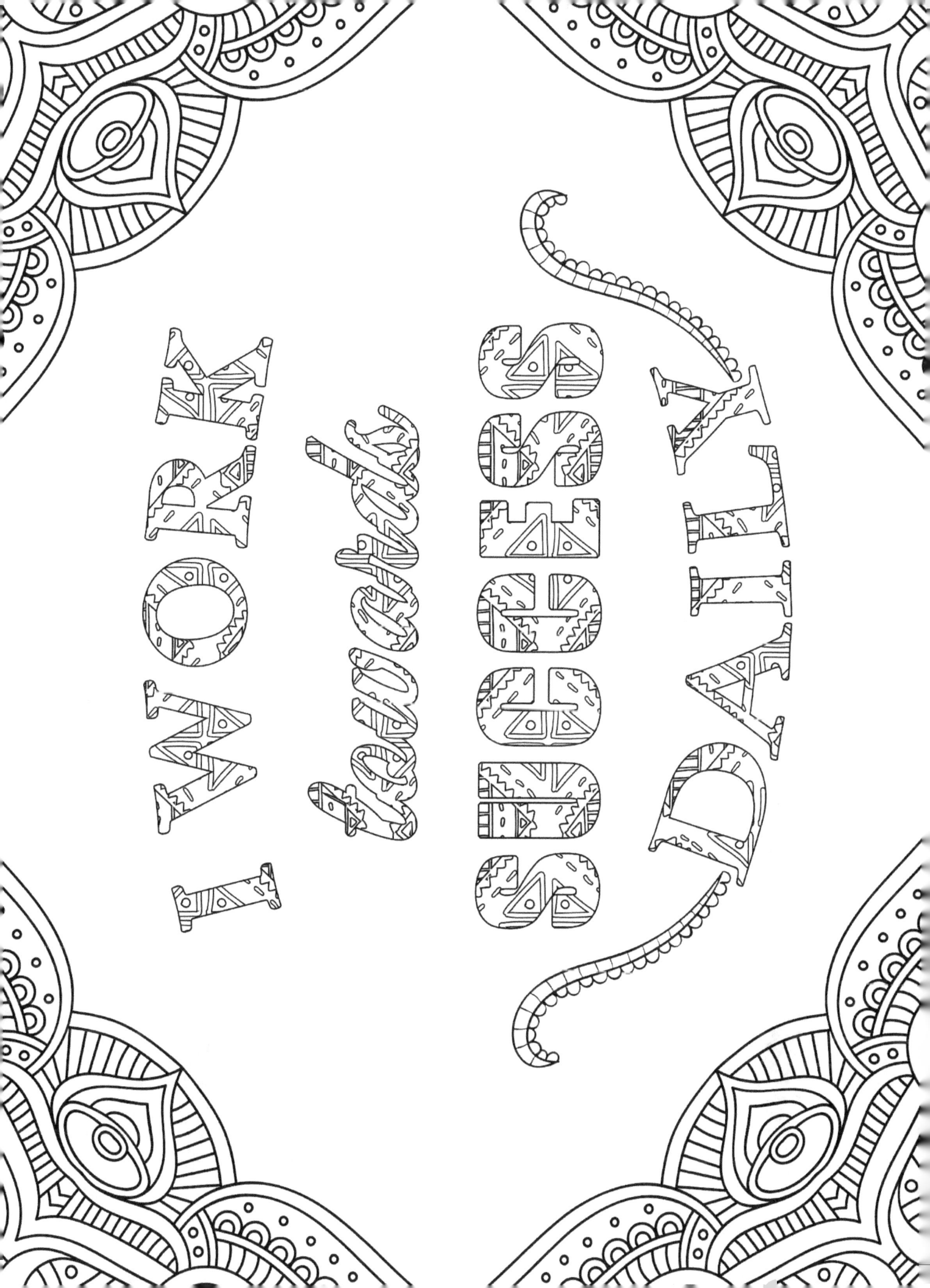

i MAKE FRIENDS WITH SUCCESS

1-

2-

3-

4-

5-

*USE DIFFERENT COLORS

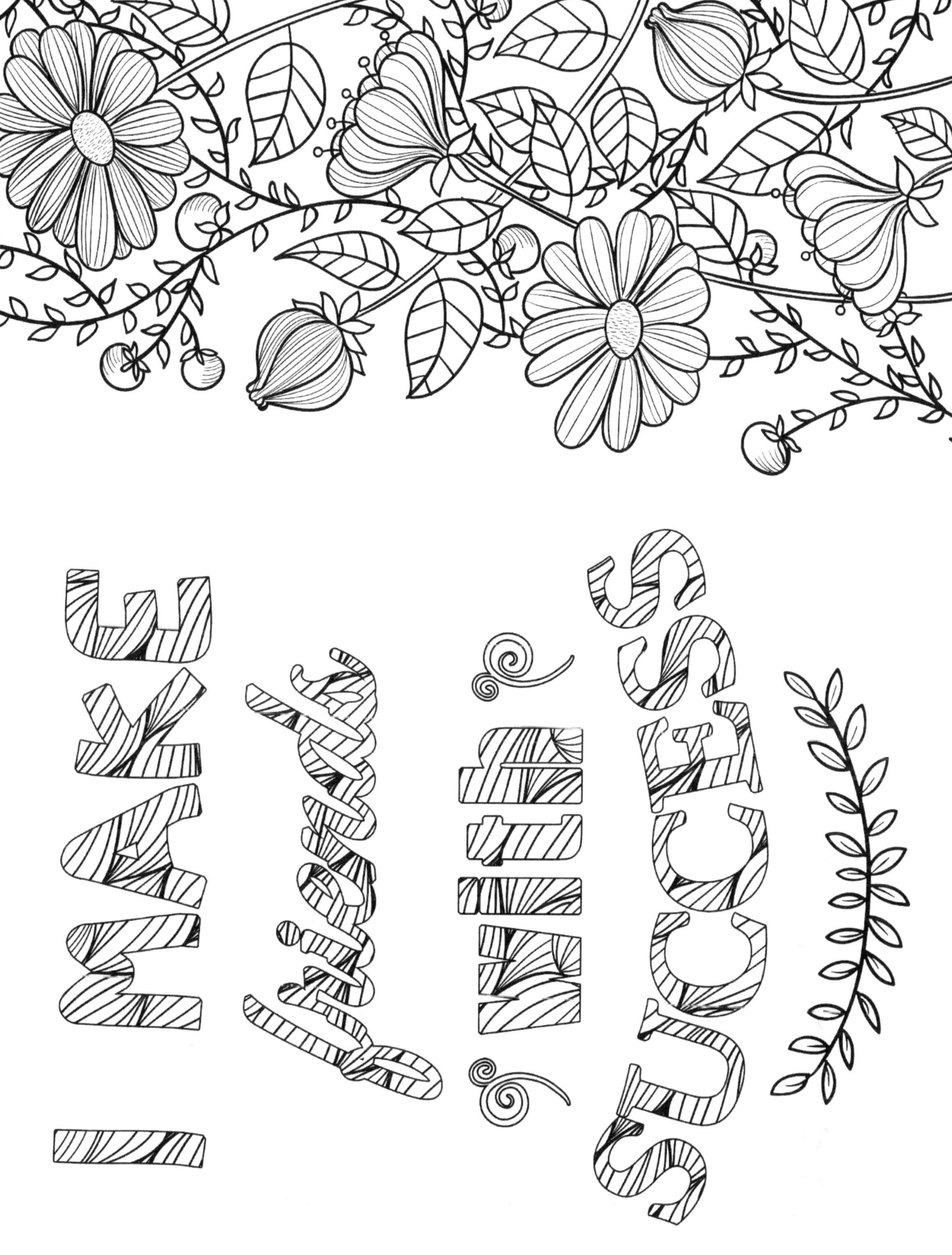

SUCCESS IS MY DESTINY

1-

2-

3-

4-

5-

*USE DIFFERENT COLORS

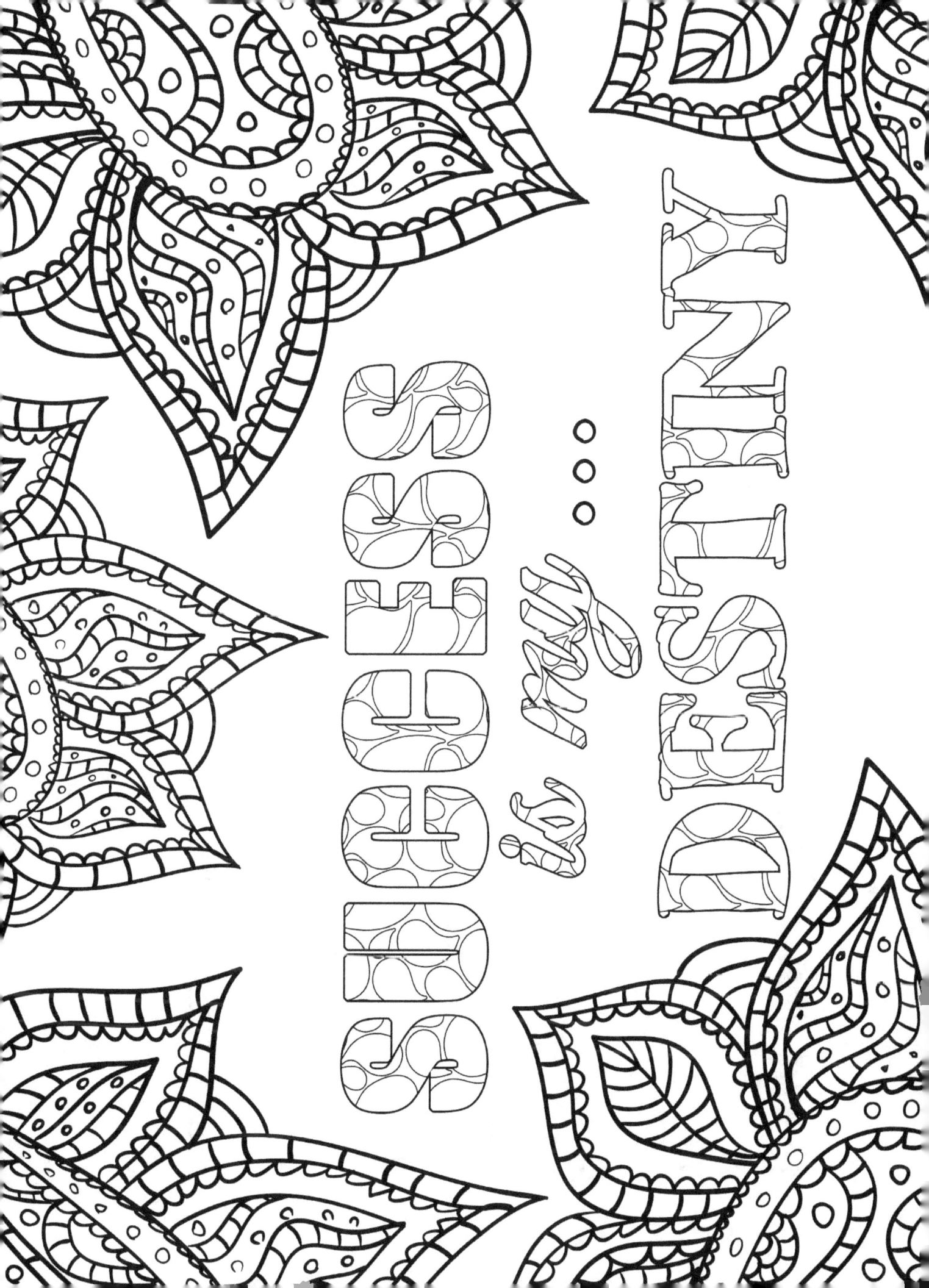

SUCCESS is my DESTINY

i AM PoSiTiVE

1-

2-

3-

4-

5-

*USE DIFFERENT COLORS

i AM CAPABLE PERSON

1-

2-

3-

4-

5-

*USE DIFFERENT COLORS

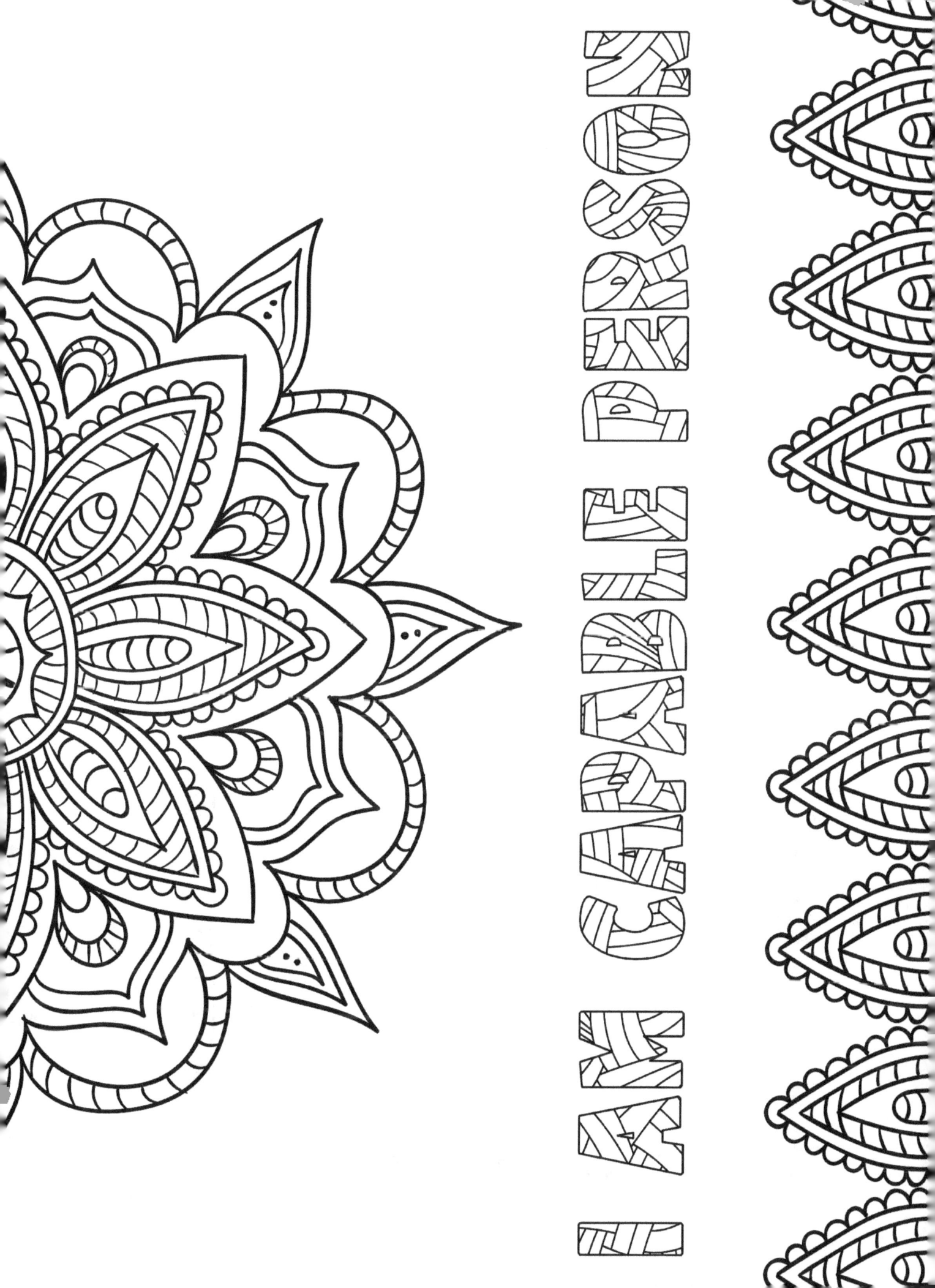

I AM CAPABLE PERSON

LIFE IS GREAT FOR ME

1-

2-

3-

4-

5-

*USE DIFFERENT COLORS

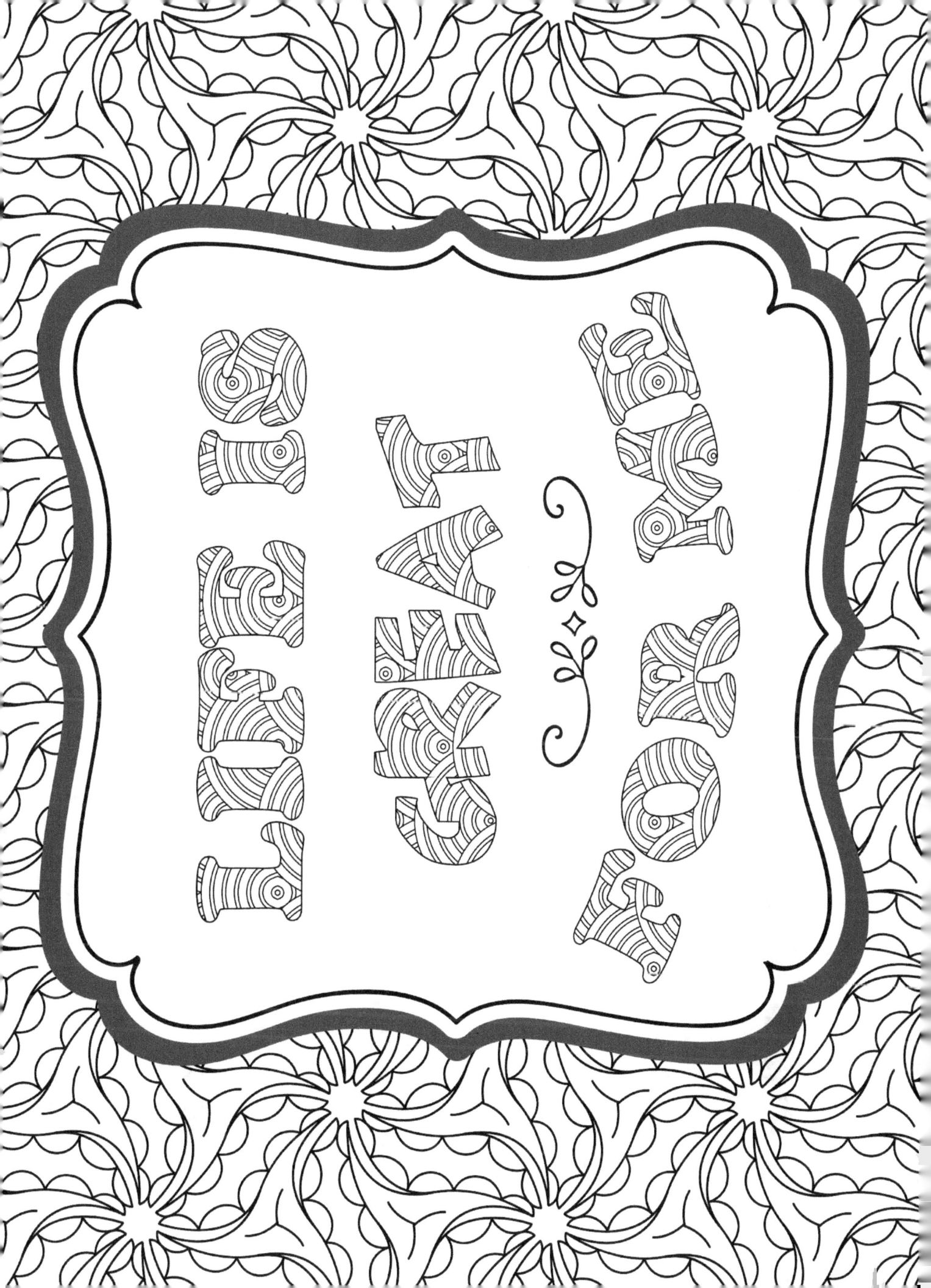

i AM DOING WHAT i WANT

1-

2-

3-

4-

5-

*USE DIFFERENT COLORS

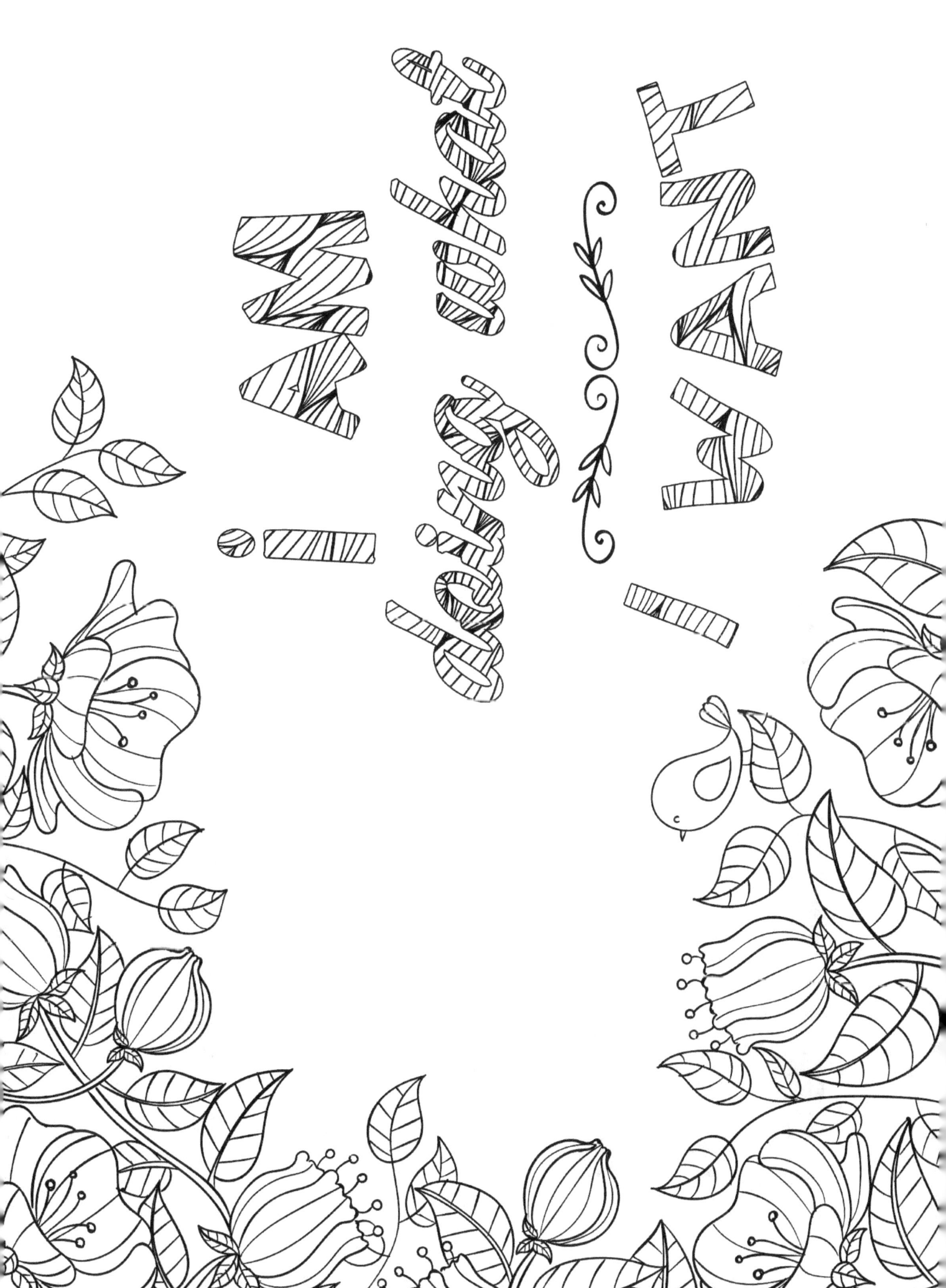

I AM what I am, I enjoy doing what I know.

i SEE SUCCESS EVERYWHERE i Go

1-

2-

3-

4-

5-

*USE DIFFERENT COLORS

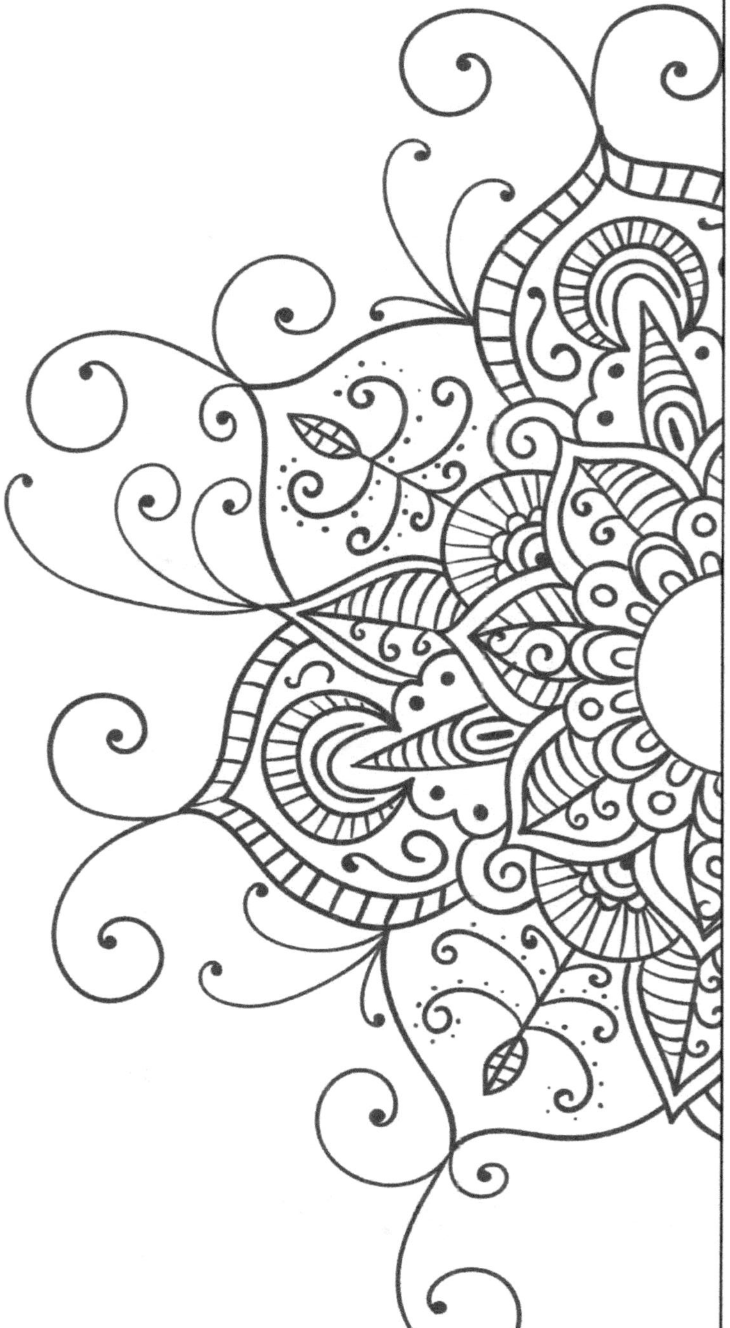

I SEE BEAUTY EVERYWHERE I GO

¡ AM HUNGRY FOR SUCCESS

1-

2-

3-

4-

5-

*USE DIFFERENT COLORS

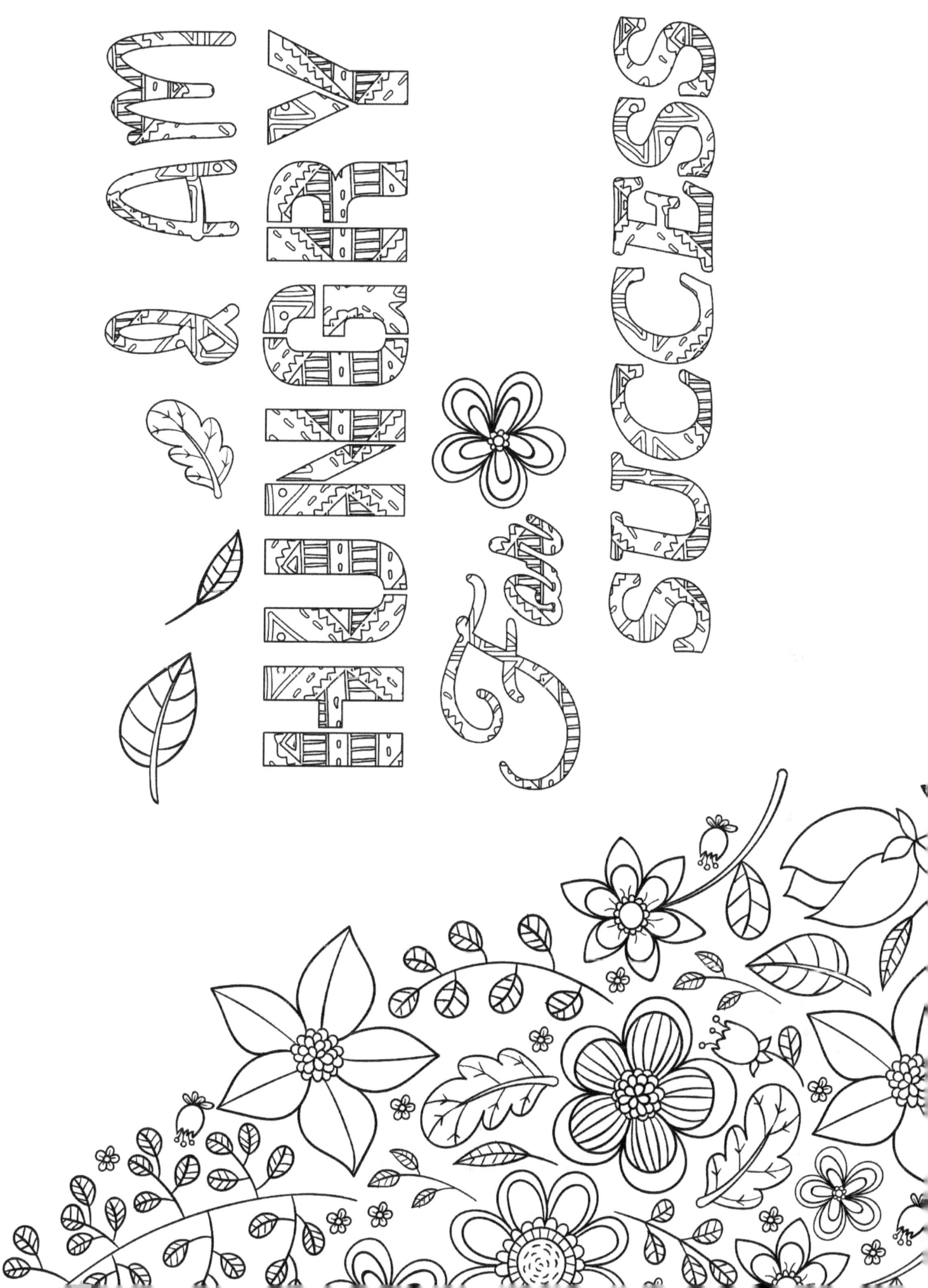

MAY EVERY FUTURE DAY BE FILLED WITH SUCCESS

SUCCESS IS PART OF ME

1-

2-

3-

4-

5-

*USE DIFFERENT COLORS

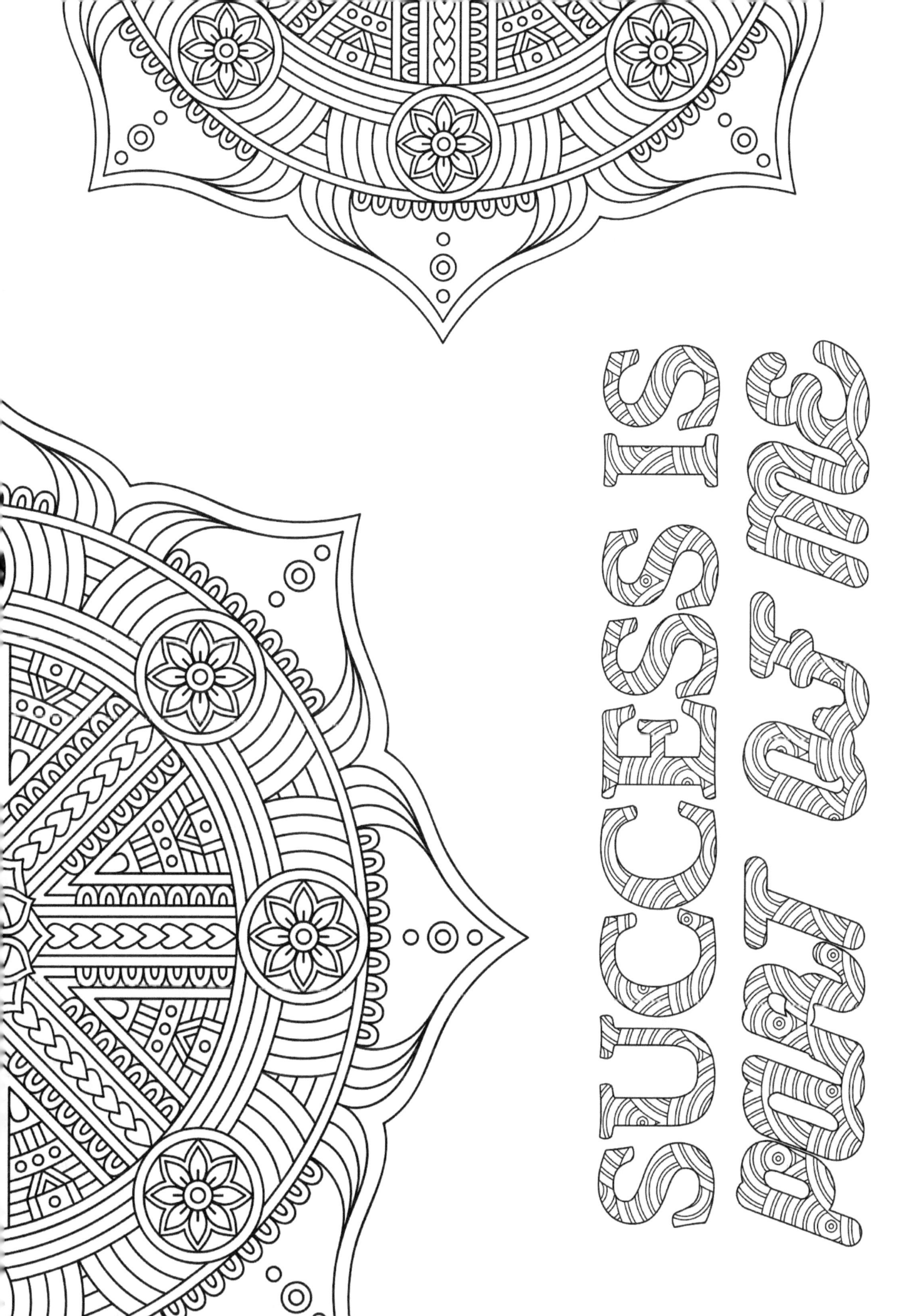

SUCCESS IS MY DRAMA

=

www.ingramcontent.com/pod-product-compliance
Lightning Source LLC
Chambersburg PA
CBHW081127180526
45170CB00008B/3042